LOS DÍAS IGUALES

(FRAGMENTOS DE UNA PELÍCULA EN PROCESO)

LOS DÍAS IGUALES

(FRAGMENTOS DE UNA PELÍCULA EN PROCESO)

ADYEL QUINTERO DÍAZ

Valparaíso
EDICIONES

Número 452 de la Colección VALPARAÍSO DE POESÍA
dirigida por FEDERICO DÍAZ-GRANADOS

Diseño de la colección: Chari Nogales

Primera edición: octubre de 2024

© De los poemas: Adyel Quintero Díaz
© Diseño de portada: Yennis Angélica Salazar

© Valparaíso Ediciones
C/ Fray Leopoldo, 7 bajo, 18014 Granada
www.valparaisoediciones.es

ISBN: 978-84-10073-91-3
Depósito Legal: GR 1315-2024

Impreso en España - *Printed in Spain*
Gráficas Gami

LOS DÍAS IGUALES

(FRAGMENTOS DE UNA PELÍCULA EN PROCESO)

LAS TOMAS

I

Nadie vino a morirse
Los cuerpos en los bancos ya estaban allí
Llegaron hace días para ver la Luna
y se quedaron
Era una noche helada, cortante
pero llena de zorros, murciélagos, lechuzas

Giraron a ambos lados la cabeza
No podían creer que de repente
todos los miedos dejaran de tener sentido
Suspiraron
El aire frío y el hedor caliente se mezclaron en sus bocas
Algunos moribundos rugieron
Luego, la tierra les abrazó los ojos

II

El joven abre la capa
Su cuerpo es dominado por los hilos
Una fiera le conduce los pasos
Lo hace bailar una y otra vez
como si fuera un muñeco
títere ancestral
de esos que cuelgan en los techos de la mística tasca
Y allí, donde no puedo estar
se me antojan manjares
la boca del muchacho
abierta
Le digo que es preciso encerrarse
que desate los hilos y venga a mi buhardilla
donde prenderé el fuego
le contaré historias
Se quedará dormido
hasta nunca
o hasta cierta noche
cuando se abran los sueños
y me obligue otra vez a imaginarlo

III

El zorro no lo sabe
pero en medio de la quietud podríamos estar vivos
En esta propiedad permitimos intrusos
La anciana vagabunda
El vecino ordinario y sus tres perros
La luz que tintinea en el portal
(podemos arreglarla)
O los mensajes
que llegan por las noches en la boca de un pájaro
El mismo aire, una y otra vez
Las canciones de cuna
Es medianoche para ciertas casas:
Duérmete niño, duérmete ya

En los ojos de la adolescente apareció el granizo
El parque se hizo blanco
Quiso tragarse al zorro
El zorro que era blanco
pero en ese instante
corrió nuevamente al bosque
Su carrera nos alimentó la dicha
del árbol y las cuevas en los que un día
quisiéramos vivir

IV

Puedo habitar las imágenes más tristes esta noche
Habitar, por ejemplo
la bahía desolada y ni un barco alejándose del muelle
Hace unos días
los marineros abrazaban las putas
Y nos hacía feliz el aliento de la ciudad
A pesar del miedo que se abría paso en las pantallas
contábamos con la certeza de los imposibles
Nada nos va a pasar
nunca
no, mientras sigan llegándonos las olas
y un caracol pequeño se arrastre hasta nosotros
Los caracoles saben
que vamos a escucharles las entrañas
Aunque esta sea la última vez que las confundamos con el viento
y este sea
el último viento que nos llegue al oído

V

Voy a cerrar
Tengo hambre
No hay nadie para irse a la cena
Mejor llegar a casa
Allá espera la noble criatura que cada noche se duerme
    junto a mí
Otra vez, la imagen de lo que puede ser
Lo que sería si la sombra de la madrugada
no llegara de vez en cuando para recordar que hay
    poco tiempo
Ya tomo mis pastillas
Empiezo a alucinar
El sueño se acerca por pedazos
Los paisajes, un río que se desborda, la ciudad me aplasta
¡Qué calor…!
Voy a cantar, cantar, cantar…
Abrir la ventana
Miro a la calle
Es tarde, a veces es tan tarde…
Ya no hay luces, ni carros
sólo el mendigo y yo,
Y quién sabe…

VI

La dama de los tacones rojos ha llegado al teatro
La rodean unas pocas estrellas
y el sonido de ciertos pensamientos que repite el vecino
Nadie le dijo que la representación se canceló
por un extraño aviso de fantasmas
Dijo Hamlet: "He aquí la cuestión..."
Al lado del teatro vive un hombre con unas alas gigantes
Es un señor muy viejo
y le gusta imaginar los cuentos de los seres malditos
Tienes obsesiones con el Aleph de Borges
La maga de Cortázar
La insoportable levedad de Kundera

La dama de los tacones rojos ignora todo esto
y espera pacientemente que la puerta se abra
Mientras, revisa su teléfono
Nadie la llama, nadie le escribe
Nadie sabe que esta vez, como otras, equivocó el día
ni que el viejo señor, cerca de ella,
ha recitado los últimos parlamentos
aquellos que olvidaron los cómicos
los mismos que nos alertaron
sobre la presencia del fantasma.

VII

Su locura se parece a la de nuestros sabios
hombres del maíz y la serpiente
que llenaron de plumas los antiguos mundos
Sus ojos respiran con las palpitaciones del aire
pintan nuestros espejos y nos llenan de imágenes
por las que nos sabemos vivos
Vemos nuestro reflejo en las aspas de un molino gigante
Le gritamos
Alonso, acércate y desmiembra nuestras máscaras
corta con la crueldad del espejo
cada muro que inventamos contra tus locuras
Ven a espantarnos las moscas de la incertidumbre
Porque en esta hora en que ya todo lo consideramos dicho
falta un ápice de lujuria
una arena de tiempo
una carcajada punzante
un viento que nos arranque la lengua
—que no canta las delicias del cuerpo—
Falta, en fin, la hierba que pisó Rocinante
las torpezas de Sancho, su carne mantecada y dulce
convidada al festín de las mieles amarillas
y el licor destilado por nuestras propias aguas

Ah, pero si nunca vinieras
si al fin te volviste tan cuerdo como Cervantes dice
permítenos, al menos, visitar el Toboso
enséñanos el mapa para llegar donde está la hermosa labriega
y tal vez nos quedemos a contemplar

la sencillez con que extrae las harinas
cose panes de leche
—Ay, qué olores—
Entona los cantares
y se duerme sembrando granos de maíz
Pero antes, nos pide que le besemos la espalda
por donde habrá de correrle un agua fértil con sabor a península
Ya para entonces, sabremos que habrá nuevas fundaciones
y su locura seguirá pareciéndose al deseo de nuestros muertos
que una y otra vez nos gritan:

Basta de abandonar la tierra donde la locura de Alonso
tuvo sus mejores años
esta tierra que produce la caña
y vivió aquellos días felices en que nuestro espíritu
se parecía tanto al comienzo de la mejor leyenda que pudieron contarnos:
En un lugar de La Mancha, de cuyo nombre no quiero acordarme...

VIII

Sabía que iba a morir
Quiso hacerlo sola
Algunos intentaron buscarla
pero se fue a lo más profundo
a una choza cerca del lago
donde el viento tiene olor a musgos
a los tristes suspiros de otros tiempos
Estuvo varios días esperando la muerte
La maldita pasó una y otra vez
Muy raro....
Tampoco la encontró
pues tratando de escapar
ella imaginó un vacío, un infinito
allá, en lo más espeso de su memoria

IX

Todos se apresuraron a escribir sus crónicas
antes de que las estirpes
condenadas al aniquilamiento,
extraviaran las palabras que definieron sus vidas
Mientras, dos hombres entrecruzan sus sueños
y uno de los dos confunde el instante con un frenesí
La anciana recuerda sus primeros roces
Es diciembre,
el mes donde se mueren los años
A estas horas, te habrán salido cuernos
y serás como el sátiro que cada noche
se lleva una a una mis cavilaciones
me deja congelado, junto a las imágenes
de canciones que tocaron aquel día
bajo la lluvia,
cuando vagaba por el malecón de la vieja ciudad
escuchando las crónicas que lanzaron al agua
Una mujer gritó:
¡Oye, mar, devuélveme mi perla!
Y por unos segundos
me quedé extasiado entre dos mundos
dos hechos
dos palabras

X

Ahora que el rinoceronte me llama
desde los confines del mundo
empiezo a disfrutar la niebla de los océanos
por los cuales vagué durante años
buscando palabras que pudieran espesar el aire
No logré definirte
y brotaste como un trazo en la lluvia
sin colores para dibujar la historia
que nos hizo una vida, allá
en quién sabe qué tiempos
y quién sabe dónde
La savia infinita, dulce, de alguien
se me fue colando por las venas
hasta que no hubo un solo aliento
una sola mirada
donde no me convirtiera en sus días

Al cerrarme al aparente goce
escuché los gritos del animal
busqué
y en el centro de mis ojos
justo donde el vacío se expande
supe que me estabas mirando
haciéndome creer que sí
que podías revivir mis otredades

XI

Blanche Dubois me dicta las palabras
que podría declamar
cuando el chico se dispara en la cien
Me urge protagonizar la escena
convertirme en la mujer que hace silencio
o en el joven
Otro tiempo comenzó
voy a abrir la ventana
mirar la gente que pasa
y esperar lentamente que aparezcan otros pasajes
que llegues a tu destino
y haya lugar para estos llantos
Inicio las andanzas
por el lugar que permanece entre la ida
y el advenimiento de los amores nuevos
Al tiempo, pongo las flores en la mesa
Me recuesto a tu lado
Evoco que aquella escena donde
ella lee despacio entre palabras con espacios infinitos
y le recuerda que todos se van
inclusos los sistemas, los artificios, los intentos

XII

Justo cuando se balanceó por última vez
salieron de su mente los recuerdos
Aquel día
cuando su madre lo subió al caballo
y cayó contra las piedras del río
No hubo heridas ni llantos
solo risas y hojas
una gota de sangre
y el pantano donde vio su cara
con el maquillaje corrido
la extraña sensación de los destinos impensables
que aparecen
por momentos
cuando la madre también sonríe
pues le han sido otorgados todos los saberes:

Soy la parca, la bruja, la que aplaude
y tú, ay, Dios, no eres más que el cómico
el chiste de mis entrañas, el de la cuerda floja
el que hace las preguntas, el que cae

XIII

No te veo
La gente decidió correr para tomar los trenes
viajar a cualquier punto
aplastarse unos contra otros
sentir nuevamente los olores
los ruidos de los tramos oscuros
la luz que te ciega cuando aparecen las estaciones
y nuevamente, con los ojos olvidados
en una multitud de imágenes de sí mismos
se abren las puertas
dan ganas de entrar
coger un asiento
levantar la cabeza
mirarse entre todos
descubrirse
La vida otra vez
Tú, mientras tanto
oculto en la penumbra
en la que encerraste la extrañeza de estos días
No escuché tu llamada
Simplemente, la tarjeta en mi mano
y marcar un viaje
nada más que un viaje...

XIV

Penélope era el alma, pero el cuerpo tenía las marcas de
otros hombres
Un puerto donde llegan todas las naves
Sé que Ulises, después de recorrer las islas misteriosas
ha de encontrar reposo en estos brazos
que de tanto esperarlo, detuvieron las imágenes
Y ya no importa el tiempo,
pues nunca hubo tiempo en las estatuas donde el espíritu
definió para siempre sus contornos

Ulises es el cuerpo, pero el alma tiene las marcas de
otros hombres
Fragmentos de seres liberados ante un paisaje imperfecto
Salvar los bosques interiores, era una misión de los
      ángeles rebeldes
quienes prendieron velas para nombrar las cosas
y escaparse del mundo, las islas, los naufragios...

Sin embargo, puede que no trate sobre lo nombrado
o un sueño acuda a nosotros
Un sentimiento que pretende estacionarnos a otros puertos
No volver a la casa, donde puedes ser tú
junto al amante por cuyos conjuros te transformas
      en el animal
llegas a la selva, hundiéndote en el lago
pero luego renaces en la hoguera
Yo acumulo los troncos
¿Puedes hacer el fuego...?

Hasta que se fueron los meses...
Era Penélope la dueña de todas las esperas
Ulises, el eterno recién llegado
Nosotros, desvanecidos por los rituales, ahogados por la sangre
quién sabe si exista alguna huella
y mañana
cuando pasen los años y nos encontremos para cantar,
   oh, lengua
las delicias del cuerpo
tengamos ganas de inventar nuevos enigmas
Satisfacer la curiosidad de irnos juntos en la nave
donde el viento nos lleve...

XV

Me desnudo
Me meto a la cama, pienso en ti
Veo aves sobrevolando el cuarto
Vienen a despedazarme el cuerpo
Aves de carroña que me entierran sus picos
El dolor me hace subir, quedo en el aire
Apareces
Tú también te has desnudado
Los pájaros se escapan por la ventana
Temen de ti
Otra vez me salen plumas
Quiero volar
Un vacío en el cuarto donde no cabemos
Nos juntamos
Las luces de la ciudad comienzan a apagarse
El viento hace un caos en el mundo
La gente no escucha
La tierra sucumbe y nadie lo sabe
Caemos, el piso frío
Unas escaleras para llegar al infierno
Un fuego que nos consume el alma
Tus piernas como el bosque, allí me pierdo
Nadie sabe de mí
Volamos, ya somos las aves
Que nada nos detenga
Estamos en el fin del mundo
Como renace todo
Y del resto
unos mares en calma que surgen
después de nuestras muertes

XVI

Abro la puerta
Es temprano en la noche
y debería haber alguien
Prendo la luz
La casa está vacía
Todos se han ido
Se han ido los que nunca vinieron
Prendo otras luces
No tendieron la cama
El pocillo con la bolsa de té, en el piso
Un libro semiabierto: cosas de cine
Pero queda un vestigio
un olor diferente
como si alguien de otro mundo hubiera entrado
y no se quedó a dormir
aunque hubo el deseo de una permanencia
En la nevera, dos cervezas cerradas
No bebieron, sólo el té
Quien estuvo fue una entrada fugaz
La invasión repentina del cuerpo
Y no prendió la tele, sí la lámpara
Respiro, huele a velas, a incienso
Dejo caer las llaves
Las llaves sobre la mesa
Nada más en la mesa: la mesa está vacía
Es hora de llamarte
No tengo ganas
La cerveza, la tele, las noticias

Desnudo, cepillarse los dientes
Unas cremas para combatir la vejez
Darle placer al cuerpo
Timbra el teléfono:
Hola, ¿qué haces?
Tengo sueño. ¿Cómo te fue hoy?
Pero no hay nadie
Pude imaginarlo todo:
La llave, la puerta, la cerradura, la casa
los que no estuvieron
el de la penetración fugaz
la llamada, el placer
Entonces, lo mejor es dormir
Y el cuarto se oscurece

XVII

La vida siguió el curso de todos los ríos
de los amaneceres en algún lugar del mundo
el vuelo de las aves migratorias
las carreras del leopardo para atrapar su presa
de las décimas que recitaba el abuelo
a veces, cuando el campo se asentaba en sus ojos
Los presagios de aquel ciego errante
el ciego de las tablas
La vida siguió el curso
de los llantos que se agotaron en la madrugada
cuando el sueño pudo más que la tristeza
Las ciudades que ascendieron a pesar de la muerte
y las tardes que nadie disfrutó,
Los parques sin los niños
Los olores a perro
La pobre, tuvo que seguir los cursos
a pesar del cansancio
y sus ganas enormes de morirse

XVIII

Todas las noches se encontraban en la misma acera
rodeados por la luz amarilla
que tanto se parece al color de sus carnes
Hablaban de las mujeres que yo no tendrán
de los platos suculentos que jamás degustaron
del campo donde pastaban las ovejas
Un campo que tampoco existe
sino en las imágenes de aquellas voces
profundas, fragmentadas
Uno de ellos se llama Ramón
el otro es Benedicto
Ramsés bautizaron al tercero
y el cuarto es un Alonso, larguirucho, enjuto, enmohecido
Cuando Dumas pasó cerca
los nombró mosqueteros
Alonso es Dartagnan:

> — *No me leí el Quijote: es demasiado largo …*
> — *sin embargo, pude verlo en el río*
> — *o en casa de la comadre Aldonza, la labriega.*
> — *La mujer que murió dormida.*
> — *¿La gitana?*
> — *La misma.*
> — *¿No se llamaba Celia?*

Nadie sabe que existen más allá de esta calle
de las noches lluviosas
en las que aun helados, desprovistos

deciden reunirse para volverse estampa
paisaje impresionista de una ciudad inmensa, oscura

XIX

Lejos, lejos
La parca me anuncia un cambio de mundos
Una escalada al monte de los dioses
Arranca el invierno
No hay chimeneas, ni las copas de vino
Para qué esa basura
Tampoco la música romántica de los tiempos modernos
Solo el círculo
Las veces que escuché un quizás
A estas horas empezaremos al vuelo
Abajo el mar en calma
Y al llegar al destino
Correré tras el antílope dorado
Con miedo
Lejos, lejos
A una cueva desolada donde me esconderé para siempre
Del mundo
Este agobiante mundo de canciones muertas
De existencias leves
El mundo de las rutinas procaces
Y los ecos

XX

Quince días
Tal vez veinte
La Mamá grande llora con todo su cuerpo
El calor sofoca
Cada segundo se apagan las luces
Y con ellas, la vida que no sorprende
Una travesía al vacío
A la añoranza eterna de un almuerzo en familia
Una canción que pocos escuchan
La apariencia que no puede ser otra cosa
¿Alguna vez esta historieta se volverá real?
¿Algún día todo lo de aquí dejará de dolernos?
Mamá grande,
Si te dijera que después de todo,
No hubo libertad, sino miedos, nostalgias,
Y unas ganas, ay, tan grandes
de volverte a mirar en el portal de la casa
Abanicándote
Contando los chismes de la vecina
Y hablando de la cosa, de lo difícil que está la cosa

LAS ESCENAS

I

Se quedaron en silencio, luego se fueron a dormir y soñaron con una casa en la montaña rodeada de árboles frutales, un cielo lleno de estrellas, y una historia con finales abiertos, que a nadie le habría encantado…

— Me lo quitaron todo, mujer.

— Aun me tienes a mí.

— ¿Y qué haré contigo, cuando el hambre arrecie?

— Me contarás historias.

— Con eso no se vive.

— Se vive, mientras llega la muerte.

— ¿Te quieres morir?

— ¿Y por qué no?

— Mátate.

— Es más dulce si nos acostamos, nos hacemos cuentos y mientras, esperamos su llegada.

— ¿Cómo será?

— Extraña, sutil, tal vez…

— ¿Graciosa?

— Sí, creo que me dará risa.

— ¿Verme morir?

— ¿Te imaginas? Tú, acostado sobre la cama, con la boca abierta, exhalando el último suspiro.

— No moriré con la boca abierta, podrían entrar moscas. Sabes que las odio.

— Bueno, yo te la cierro.

— ¿Qué hay de ti?

— Lo mío será sencillo. Cerraré los ojos y ya.

— ¿Por qué tan simple? Siempre has sido compleja.

— Pero en la muerte, mejor la simplicidad. ¿Te parece bien?

— No, prefiero que mantengas tu esencia. Será una muerte enredada.

— ¿Cómo aquella película que no entendimos?

— Nunca entiendo las películas, no son como la vida. Las novelas, sí.

— Prefiero tus historias. Deberías escribirlas.

— Ya no alcanzo, vamos a morir.

— Aunque sea una, alguien la leerá y se acordará de nosotros.

— No, se acordará de mí.

— Es verdad, tienen que ver contigo.

— Había una vez, una mujer compleja.

— ¡Sí, sí! Quiero que trate acerca de mi vida.

— Le gustaba…, ¿qué te gusta?

— Deberías saber. Sé que te encantan mis tetas.

— Mucho, ¿y a ti?

— ¿Es tan importante? Las mujeres tenemos misterios.

— Te gustan los misterios.

— Probablemente.

— Tengo hambre.

— Nos quedan unas guayabas.

— ¿Nada más?

— Sólo guayabas. Pero está bien. La guayaba te cierra.

— Podremos acostarnos y morir de obstrucción.

— Qué desagradable. Mejor, no comamos.

— Vayamos a la cama.

— Listo, ¿y ahora qué?

— Sólo esperar.

— Empieza.

— Va a ser un cuento muy largo.

— ¿Puedo dormirme?

— No.

— Entonces, espera. Prepararé un café.

— Que sean dos.

— Quítate la ropa.

— ¿Quieres morirte desnuda?

— Hace calor, pero igual, sí. Es más romántico.

— Mis carnes están caídas.

— Eres viejo.

— Tú también.

— Dos viejos desnudos aparecieron muertos en su casa, en una montaña, lejos…

— No vivimos en una montaña.

— ¿Qué importa? Déjame imaginarlo así, como en las novelas.

— Prepara el café.

— Hay alguien afuera.

— ¿Quién? Ojalá y fuera un ladrón.

— ¿Para qué?

— Tal vez nos mate.

— No, es el policía. Tiene tu carro de frutas, intacto.

— ¿Vino a devolverlo?

— Te está llamando.

— ¿Y ahora qué?

— Ay, Dios, nos toca vivir…

— No le abras la puerta, no respondas.

II

Un rayo los atravesó. Las figuras quedaron quietas, y poco a poco se fue inventando el mundo.

—¿Quién es usted?

—Soy yo. ¿Y usted?

—Me llamo...

—¿Ha olvidado su nombre?

—Es posible.

—El mío es...

—¿Alguien le dijo que me interesa?

—Debería, si vamos a estar aquí...

—No, me quedaré poco tiempo.

—¿Sabe cómo escapar?

—Debe haber una puerta.

—Ya he revisado, no.

—Igual, ¿para qué saber su nombre? Jamás se lo diré.

—¿Por qué?

—Sólo estamos nosotros. ¿Le parece necesario?

—Me gusta que me llamen de alguna manera.

—Está bien, puedo nombrarlo...

—Cuestión de identidad. Soy Flebas.

—¿El Fenicio?

—Que una vez fue robusto y hermoso. ¿Y usted?

—Podría ser Frida.

—Son nombres alejados. No hay lugar que los vincule.

—¿Cómo sabe?

—Lo sé.

—Acá no existen reglas.

— Pongámoslas.

— Le tengo la primera: hay que tocarse.

— No tengo ganas.

— ¿Necesita las ganas? Es usted muy complejo.

— ¿Qué le toco?

— Mis pechos.

— No sentí sino un frío.

— Segunda regla: no sintamos.

— Quiero algo que me rompa por dentro.

— ¿Una bomba?

— Más leve, más sutil, más...

— ¿Sensitiva?

— Un estallido de amor.

— Suena cursi.

— Cursi, complejo..., ¿qué más?

— Sólo eso. Ya pude definirlo.

— ¿Qué hay de usted?

— ¿Ha descubierto algo?

— Un dolor, una flecha clavada en pecho...

— Sí, pero no vio la sangre.

— Tampoco sentimientos, solo la imagen y un perfecto vacío.

— ¿Qué vamos a hacer?

— Debemos procrear. ¿Niña o niño?

— Detesto la redundancia.

— Yo, el silencio, la muerte, las meditaciones.

— Parir es redundante. Tóqueme otra vez.

— ¿Le excita?

— No siento nada. Sólo me gusta cuando se mueve.

— ¡Quédese quieta, por Dios!

— ¡Venga conmigo, baile!

— ¿Por qué están así?

— ¿Mis pezones? ¿Qué hay de los suyos?

—También se levantan.

— Hagámoslo.

— ¿Qué?

— Complacerlo, eso quiere.

—No sé... Mejor, podríamos escapar. Usted me agota.

— ¿Y la puerta?

— Allá, a lo lejos.

— Si salimos, todo se acabará.

— ¿Qué habrá afuera?

—Nada, sólo él y un jardín de delicias.

— Me llamo Eva.

— Frida es más hermoso.

— ¿Por qué andas desnudo?

— El veneno, la infamia, la desgracia.

— Duele un poco.

— Me muero.

— Qué dramático.

— Es verdad.

— Cómete la fruta.

— ¿De qué hablas?

— Cuán razonable. Nos dejó solos, en una habitación blanca, con la única posibilidad de la puerta, y estos vagos fragmentos del pasado.

— Te esfumas, vas perdiendo el contorno.

— Tú también.

— ¿Entonces?

— Nada, y otra vez...

— Mis ganas de llorar... No voy a pervertirte.

— No lo hagas.

— ¿Y entonces...?

III

La princesa siguió de largo. Aceptaron que habían permanecido juntos por más de cinco décadas, y que ahora, ante el vasto e inminente silencio, no existían palabras o historias para definirlos, pues todo ha sido vago, común y sin tropiezos.

— Esta noche va a llover.

— ¿Quieres irte?

— ¿A dónde?

— No sé, otro portal. Aquí nos mojaremos.

— Qué importa.

— Podemos enfermarnos.

— A estas alturas…

— ¿Te gustaría morir?

— Antes, debo padecer, por amor.

— ¿Quién podría…?

— ¿Enamorarse de esta criatura? Nadie.

— ¿Entonces?

— Voy a imaginarla, te contaré de ella.

— Sabré que es mentira.

— No, porque seré tan exacto, tan pulcro en las palabras, que aceptarás su existencia y la verás llegar, con la ropa llena de mugre, en el próximo aguacero.

— Qué imagen tan predecible.

— Todas las imágenes se han vuelto predecibles.

— Algunas no. Esta luz, por ejemplo…

— Está en Brueghel, Dalí, Picasso…

— Las pinturas son sueños.

— ¿Y la vida?

— Otra ficción, hecha del mismo material.

— Truenos, rayos, y tanto frío. Voy a orinar, espera.

— Un perro callejero.

— Dos.

— Tres, muchos… Si miras a lo lejos, verás la ciudad inundada.

— La ciudad de los perros.

— Y los gatos, las moscas, las serpientes.

— ¿Te gustaría volver a ella?

— Si quieres, puedo escuchar su historia toda la noche.

— Cuando aparezca esto tendrá sentido.

— ¿Y si no?

— No podría morir, no habría razones.

— Morirse sin una razón…

— ¿Cuál es la tuya?

— Esa: no encontrar el porqué. Prefiero el sufrimiento por amor. Cuenta.

— Tiene setenta años, es una princesa árabe.

— ¿Su nombre?

— Odette, no sé…, ¿Dalila?

— Imagino que te hechizó con sus bailes.

— Con sus ojos azules, su piel arrugada. La vi cuando volaba en una alfombra.

— ¿Y tú…? ¿Crees que la merezcas?

— Es mía, yo la inventé.

— ¿Pero…, la mereces?

— He ahí la causa de mi sufrimiento.

— Entonces, llegará, seguirá su camino y nunca te mirará los ojos.

— Ese es el instante en que mi corazón se detiene.

— Y alguien escribe un poema.

— O un cuento, una añoranza.

— ¿Quién osa lamentarse esta noche? Ha empezado a llover.

— ¿Te quedarías a mi lado?

— Si me abrazas...

— No puedo, no eres ella, y tu nombre carece de encantos.

— Dibújame, imagíname... Puedo ser cualquier cosa. Llámame con el nombre que le pondrías a los escombros, al hambre, a la desidia.

— No moriría por ti.

— Solo estamos nosotros.

— Se van apagando las luces.

— Esta ciudad dormida.

— Estas ganas enormes de habitar otros cuerpos.

— De cantar bajo la lluvia.

— Sin la tos.

— Sin el cansancio.

— Sin el peso de tantos y tantos momentos en los que jamás lloramos por amor.

IV

El tren siguió su curso. El cuadro era imperfecto, sin embargo, estaba listo para ser llevado a la feria, mucho antes de que Madame Sosostris vaticinara los finales y que su esposo intentara asesinarla. Todo sucedió en abril, el mes más cruel.

— Hace varias semanas que un sueño me persigue. Todas las noches viajo a la estación del sur para tomar el tren.

— ¿Va mucha gente contigo?

— Sí, pero nunca llegamos a Londres.

— ¿Por qué?

— En el último puente, el tren cae al vacío.

— ¿Hay un choque, el conductor se queda dormido, o la vía simplemente termina?

— No lo sé, el tren cae, la gente salta, ninguno queda vivo, excepto yo.

— ¿Cómo lo haces?

— La primera vez morí; a partir de ese día, siempre me lanzo antes de llegar al puente. Sé lo que va a pasar, eso me da ventaja.

— Deberías avisarles a los demás pasajeros.

— No puedo, ellos no me ven, ni me escuchan. Soy un fantasma.

— Busquemos la manera. ¿Y si nunca más duermes?

— Me encantaría, detesto soñar, perder la vida mientras me hundo en una sustancia que desconozco.

— ¿Quieres que me quede contigo?

— Prefiero continuar el viaje.

— No podrás, el tren caerá todos los días, y así, hasta que alguna vez se te olvide lanzarte.

— Si no lo hago, ¿crees que volveré a estar despierta?

— Quién sabe... Deberías intentar.

— ¿Vendrías a dormir conmigo?

— ¿Estás loca?

— Hace mucho que dejé de roncar.

— Pero todas las noches sueño que me monto al tren, conduzco la máquina y antes de llegar el puente, me entran unas ganas enormes de lanzarme, de conocer los parajes extraños que aparecerán atravesando el abismo.

— ¿Por qué no me dijiste?

— Me encanta la idea de saltar sin ti.

— Ay, Dios, ¿piensas que te dejaré hacerlo? Hoy me quedaré sentada, miraré los venados que salen de los bosques.

— ¿Pasa algo? Tienes una cara...

— *Estamos hechos del mismo polvo con que se hacen los mundos. Y nuestra corta vida, no es más que ese polvo cubriendo las cosas una y otra vez.* Sí, me aterran las ideas.

— No te preocupes: miraré la pintura y soñaré con algo diferente.

LAS SINOPSIS

I

Un hombre fue encontrado muerto esta tarde bajo una alcantarilla de la ciudad. Estaba rodeado de libros. Tenía una rata encima. El roedor se veía triste y al poco tiempo salió a la calle para lanzarse contra un auto: pereció al instante. Cuentan que el hombre era la única compañía que tuvo el animal durante años. Los que lo conocieron dicen que se llamaba Alonso. Vivía de entregar flores en los parques. Su figura enjuta, la elevada estatura, su barba alargada y copiosa, le daban la apariencia de un legendario caballero. Cada mañana se acercaba a una vendedora de jugos frescos; una mujer obesa, alegre, quien siempre le ofrecía pan de maíz y un café bien caliente. Alonso alguna vez se imaginó muriendo al lado de la labriega, en una finca rodeada de cerezos; tal vez de flamboyanes. La mujer se llama Aldonza Lorenza, vive en el sur de la ciudad, está casada, tiene tres hijos, y no sabe, ni le importa, la muerte de Alonso.

II

Ambos estaban enfermos. Le pidieron al monstruo que los devorara a la vez, pero antes, se dieron un abrazo, se arrancaron la ropa e hicieron el amor, benditos por extraños edenes y presos de una alucinación sagrada, que sólo es concebida para quienes aprendieron el lenguaje de aquel tango vivo, esencial, con el cual inventaron al mundo. Muchos no comprenderán el sacrificio, o lo verán como un último esfuerzo por salvar la fe. Unos pocos sabremos que, más allá de la aparente ruptura con la vida, estos hombres se han perpetuado en el llanto de las reinas, las dueñas de la noche, sobre las cuales, llueven los esputos de esta maldita ciudad que ahora duerme y tiene, a Dios gracias, una pesadilla horrible: ha visto el desplome de sus máscaras. Pero la nota no será esparcida, no se entiende. Mientras tanto, los sacerdotes serán velados a escondidas, en la funeraria de las cruces, cerca del lugar donde solían oficiar las misas.

III

Gritzabella nunca fue su nombre; el suyo, el verdadero era
demasiado ordinario. Nació para vender jugo de naranja
en las esquinas. Desde pequeña fue su único oficio. Era
de esas personas destinadas a perder a cada pariente
cercano, incluso a los de lejos: se los fue llevando la guerra,
el hambre o la nostalgia. Aun así, sus días transcurrieron
apegada a la posibilidad de ascender, no en la vida, sino
hacia un paraíso que alguien le prometió hace años.
Eran los tiempos en que aún comprendía la felicidad y
pensaba que, si corría lo suficiente, podía atrapar un ave. La
encontraron esta mañana tirada sobre un amontonamiento
de basuras. Nadie la mató, aunque hace días, les contaba a
las personas acerca de una insólita pesadilla con un tigre
que la atacaba en su aposento imperial. En los sueños,
era una princesa india o la infanta de Dai. Mas, hay cosas
que no pueden ser, y la parca sencillamente se la llevó. Su
corazón se detuvo una mañana de otoño, en esta ciudad,
donde nunca tendremos estaciones. Sufría de sobrepeso y
una arterioesclerosis avanzada. Eulalia era su nombre; el
apellido: Gracia.

IV

Alejandro albergó una certeza. Una noche se vistió de diva y descendió por los túneles que se escondían bajo el escenario. Eran cavernas oscuras, el agua goteaba por las paredes. Mientras avanzaba pudo oler los vapores calientes y sintió la presencia de los antiguos espíritus que custodiaban el teatro. De repente, tuvo la sensación de que encontraría al fantasma y se entregaría definitivamente a él. No había nadie arriba por quien decidirse. Entonces se puso el velo de novia, escuchó la música de la noche y esperó que el ángel lo liberara con un beso. Era todo lo que pedía. Por muchos soles gritó: "Estoy aquí. Di que me amas". *En silencio, los sentidos abandonaron sus defensas.* Alejandro vio al monstruo, le arrancó la máscara, trató de entonar la melodía, y de su garganta salieron apenas unos sonidos desafinados, tristes, carentes de lirismo, por los cuales, debió retornar a la superficie.

V

Un sismo de fuertes magnitudes ha partido en pedazos el río que cruzaba la vecindad de Las Luces. A estas horas, las autoridades intentan rescatar el cuerpo de una mujer llegada de París. Había cumplido los cien años y dijo que, antes de morir, debía convertirse en sirena; al menos eso nos comentó Soledad, una célebre habitante del lugar, quien hospedó a la extraña y misteriosa anciana. Cuentan que una célebre pitonisa la había convencido de viajar a este lado del mundo para conseguir la transmutación. En las orillas del río los rescatistas encontraron enormes escamas. Esta noche tendrán que buscar en las profundidades, para ver si dan con el cuerpo de la extranjera. Los lugareños no le temen a que ocurra otro sismo, ni a la desintegración del torrente, el cual, algún día debía extender sus aguas a los pueblos más lejanos. Hoy únicamente se preguntan: ¿y si encuentran la sirena...?

LAS ANOTACIONES

I

La mujer caminaba airosamente sobre la cuerda, cuando la flecha atravesó sus entrañas. Era el bardo, quien, trastornado por mundos seráficos, no pudo contener las ganas de sentirse cupido. Creyéndose infundido por la gracia del céfiro, torció la puntería, y el circo se fue volando.

II

Anoche soñé que fui al paraíso. Arranqué una flor y me la llevé, como prueba de que había estado allí. Al despertar, no había nada. Me dormí nuevamente, regresé al jardín y encontré el mismo tallo, sin la flor. Otra vez despierto, me vi en el paraíso, con la flor intacta. Entonces…, ¿sí?

III

Un hombre en el portal de su casa intenta escuchar los latidos de alma de su esposa. La mujer, en el techo, intenta escuchar los latidos del alma de sus hijos. Los hijos, en el patio, intentan escuchar los latidos del alma de sus padres. La tormenta arrecia; los truenos, muy fuertes...

IV

Ahora que los días son iguales, y la banalidad se vuelve costumbre, decidí cerrar la puerta a todos los comienzos. Prefiero la tarde oscura, el pez moribundo bajo el nenúfar del estanque, los bullicios cansados, el cuadro que mi madre abandonó en un rincón de la casa; y la sordina de aquel bosque donde Aquiles y Patroclo se desnudan, se besan y fallecen.

EL TEMA

Algunas veces
la tristeza habita en el escándalo
En las pieles arrugadas que se amontonan en los basureros
para conseguir lo que encuentren
En las novelas del paquete
Los chismes sin sentido
Las conversaciones que siempre terminan en un Ya tú sabes...
No hay nada que explicar, o sí...
Quién podría entender los signos que aparecen
en las horas silenciosas
cuando hablar a gritos se ha vuelto el lenguaje
de unos días iguales
en los que conversamos de manjares, pastillas y desgracias
Y de aquellos que se fueron

Una anciana de casi 80 años acaba de cruzar el río
Algunos hablarán de ella, será la noticia del momento
sólo por un instante
Un miserable instante en el que algo
de repente
adquiere la pesadez de una pequeña importancia

ÍNDICE

LAS TOMAS

LAS ESCENAS

LAS SINOPSIS